Евгений Бунимович
ИЗБРАННОЕ

Е. Бунимович
Избранное. Издательство KRiK Publishing House, Нью-Йорк 2015 г.— 47 с.

Эта книга является частью двуязычной серии «Русское Слово без Границ» и включает поэтические тексты известного московского поэта Евгения Бунимовича на двух языках: русском и английском в переводах Джона Хая и Патрика Генри.

Evgeny Bunimovich
SELECTED POETRY

E. Bunimovich
SELECTED POETRY. KRiK Publishing House New York 2015 — 47 p.

This book is a part of bilingual series "Russian Word without Borders" and includes the poetry collection written in Russian by prominent Moscow poet Evgeny Bunimovich translated by John High and Patrick Henry .

ISBN-13: 978-0692432679
ISBN-10: 0692432671

РУССКОЕ СЛОВО БЕЗ ГРАНИЦ

RUSSIAN WORD WITHOUT BORDERS

WAITING ROOM

WAITING ROOM
>your black windows are lit up again
>not by an idea, but by the volleys in a salute
>waiting for a firm hand
>the gray-haired activist falls into a dream
>with Malyuta's Komsomol smile*
>Mona Lisa falls into a dream with the smile
>in her hands
>waiting for some hard currency

WAITING ROOM
>a voice offstage
>a bouquet in an unwashed bottle
>like an unwashed face
>waiting for visas
>they sleep with hope in their eyes
>the congregation of OVIR**
>having drained the cup
>the peace advocates preach
>a drunken sermon from Exodus

THE POET A.A. AND HIS BLACK HOLE***
ARE WAITING FOR ARCHDUKE FERDINAND
ON THE ROAD TO SARAJEVO
>the concert of Kara-Karayeva is playing
>on the radio, as demanded by the striking miners

WAITING ROOM
>the boys are waiting
>for disposable syringes
>the girls are waiting
>for disposable princes
>>THE NON –JOINT VENTURE
>>GENIUS AND EVIL****
>>FOR THE BENEFIT OF THOSE WAITING
>>THERE'S REUSABLE SCHNITZEL

the Mafioso with the mustache
By the pay toilet
Under the neon "W"
A vendetta awaits you
the country can't sleep a wink waiting for sovereignty.

WAITING ROOM

the informal prince is waiting
for his friend Horatio
the jerry-rigged president is waiting
for his inauguration
the king of the poets is waiting
for denaturation
as well as for a reader and advisor
an anti-Soviet advisor
and for an anti-aircraft gunner
a missile specialist
a doctor
a narc
a committeeman
a transient
an apparatchik
an answering machine
a defendant
a plaintiff

WAITING ROOM

face
to face
of the face

translated by John High and Patrick Henry
the original Russian version — page 29

---

* "Skuratov, Malyuta (Grigory Lukyanovich) — nobleman, member of the Boyars' Council, and the favorite oprichnik of Tsar Ivan IV (the Terrible). His name itself has become a common epithet for villains." (Citation extracted and translated from the Encyclopedic Dictionary of F. A. Brokgauz and I. A. Efron, published in St. Petersburg in 1900.)

** OVIR: The Visa and Registration Department.

*** A. A. Voznesensky

**** Words taken from the last lines of Aleksandr Pushkin's little tragedy, "Mozart and Salieri."

*   *   *

.., it's true
> labor collectives drowned in drink

and corrections were inserted into directives

and our military advisors
by invitation only occupied continents

and every guard dog with trusty snout
could sniff out those who thought differently

and though it's shameful my son though it's strange
we were young and life was longed for ...

> *translated by Patrick Henry*
> the original Russian version — page 30

NEGLINNAYA RIVER*

I was born and raised, so the story goes, on the bank of a river
> in a wooden house
> almost a cabin

and returning one day from my journeys I'd probably have
> pressed my lips to the river

but since 1819 it has flowed through a pipe
I learned of this fact not long ago in a book
for I was born not in 1819 but somewhat later
> though I've lived long enough to go gray

you can verify this in the book of fate at an entry
> under the letter "b"

and I recall this river now
> because I am myself in a pipe

this may be less evident because I'm not alone

but a bagel's not only a hole
                      particularly if it's a torus
what in the world is topology
                      if not a search for genre
                      with a stop in this world
as it turns out even sandor petofi**
                      didn't so much perish in battle
                      as get married
                      to the daughter of a postmaster from barguzin***
                      he was a sly one all right
and I learned of this fact not long ago in the papers

the bolshevichka factory outlet
                      opened on the very spot
                      where I was born and raised
where the absence of a fence
                      leaves nothing to obscure in shadow
where utmost fear and utmost courage
                      both turn the stomach
                      and cause diarrhea
and this fact was related long ago by Montaigne

I've never been on the other bank of the river
                      although I've lived long enough
                      as I said to go gray
for you can't ford this river
                      and apart from kuznetsky
                      you'd think there were no bridges

a person differs from the collective in that he's always alone
the collective differs from a person in that it's always prepared
I don't like to play at partisans
                      at who betrayed and who informed

for everyone who's innocent today
                      is guilty in the next reel
man is a none-too-long-playing record

and not-terribly-serious
perhaps no one has yet related this but it's a fact

translated by Patrick Henry
the original Russian version — page 31

* Neglinnaya River (Neglinnaya reka) is a small river that runs through Moscow flowing into the Moscow River at the foot of the Kremlin.
** Sandor Petofi (1823-1849), a Hungarian poet and patriot, and a major figure in nineteenth-century Hungarian literature. His marriage to Julia Szendrey inspired some of his best love poems. He joined the revolutionary army in 1848, and after taking part in a battle near Segesvar on July 31, 1849, he disappeared.
*** Barguzin is the name of a town located some twenty miles east of Lake Baikal in Siberia.

*   *   *

don't pray or shout curses after me
I promise a bon voyage party
if I get the urge to go
what am I talking about
this isn't an international sleeper
it's a commuter train
on the moscow-vilnius run

I won't give you a light
don't intend to enter into dialogue
not the time or place
to tap a little chechotka with my teeth
because I live
because I can
i.e. could
walk out to the ponds
without soiling the knuckleduster in my pocket
a leap-year february fixed rings to us
like the birds around Moscow

the heavenly ornithologist
tagged the rest
in march
I had this life
this city
country
and a book of ABC'S
but to leave for paris
is the same as approaching death

no need for that
go on without us
the religion of hollow spaces
in the komsomol orgasm
with vibrating calves and forearms
is not yet alien to me
still not alien
the hopeless tongue of man

translated by Patrick Henry
the original Russian version — page 32

EXCUSE AND EXPLANATION

I'm not a poet*
is there really such a thing as a living poet
I'm a school teacher
I teach math
computer science
as well as ethics and the psychology of family life

on top of this I return home each day
to my wife

as a romantically inclined pilot once said
love is not when two people look at one another
but when they both look in the same direction

this is about us

for ten years now my wife and I

have been looking in the same direction

at the television

for eight years now our son looks that way too

I'm not a poet
is there a hole in the watertight round-the-clock alibi
set forth above

the combination of misunderstanding and happenstance
that leads now and then to the appearance of my poems
in the periodical press
compels me to confess

I write poetry when it becomes unavoidable
while I monitor in-class exams
in spite of all the public school reforms
individual pupils continue to cheat

to prevent this

I'm forced to sit with my neck craned
wide-eyed and vigilant
unblinking gaze fastened on a space just above the floor

this pose leads inevitably
to the composition of verse

anyone who's interested can verify this
my poems are short
because in-class exams rarely last longer than 45 minutes

I'm not a poet

and perhaps
that's why I'm interesting

translated by Patrick Henry
the original Russian version — page 33

* This line plays on an entry in Vladimir Mayakovsky's autobiography, I Myself, where Maya-
kovsky states, "I'm a poet. That's why I'm interesting. And that's what I'm writing about. I'll
write about all the rest only as it settles down in verbal form."

PALIMPSEST
from the Brussel's notebook

*   *   *

a time of bread and a time of bane
of poems and cannons war and peace
a time of lovely country scenes
a time of tough industrial sprawl
of hopping, popular spots
of babelian linguistic shifts

on the still damp cobbled sidewalk
shoe prints can be seen
jews escaped from pogroms
italians—fortune hunters
austere moroccan women

old plane trees held captive by stone courtyards
ailing remembering hanging on

abandoned factories turned high-end apartments
or the homeless
or a school of modern dance

eras and winds in the names of streets
a milk can on the doorstep overturned by time

wind rose first nordost then südwest
time rose molenbeek palimpsest

*   *   *

we sit by the window in a cafe hour after hour
we drink sweet mint tea cup after cup
how rainy it is here how windy how time flows
through memory over the glass the sidewalk men's faces

*   *   *

your granddad speaks his native language

your father speaks his native language
as well as french

you speak french
flemish
and occasionally with granddad in his native language

your son speaks english-french-flemish
and apparently a little german too

your son can't understand granddad's alien language
your son lives on the other shore

*   *   *

the sun ducked below the horizon without a visa
the rain falls on the city without ID
the grass sprang up without permission
the air stolen by the lungs is uncertified

life is illegal

*   *   *

like a schoolboy before a test
i cram i review
the simple geometry of streets
the squares of windows
the cubes and parallelepipeds
of industrial districts

the bell tower is perpendicular to the market
Q.E.D.

beyond the ruled line of the canal
the pentagon of brussels
life on the two banks does not intersect
the parallel postulate
it requires no proof
it requires understanding

*   *   *

a girl in a window
grew disconcerted hid behind the curtain
a schoolboy running past caught me with his bag
looked back
a beerbellied bartender

lazily came out from behind the bar
and brought tea

witnesses and eyewitnesses

a wet dog on a leash
a wet owner on a leash
a woman in a black scarf from the drug store
a baby from a baby carriage
an artist from a studio window
tourists from a bus

from above from the side from below

a bum lying by an intersection
saw my shoes
two crows on a rusty pipe
saw my broken umbrella
a gypsy woman saw my palm
and the contents of my pockets
the police see everything

this life of mine
a permanent alibi

*   *   *

railroad tracks
divide more reliably than all the gods and tongues
they bisect earth sky sound scenery smell
molenbeek old and new east west

just one name for all and the weather report
and the shunts of long pedestrian crossings

*   *   *

a stop along the way molenbeek
got out for a moment ages ago
your home is here and your nostalgia
what do the others come for?

translated by Patrick Henry
the original Russian version — page 35

THE CLOCK STRIKES AT RANDOM

The clock strikes at random,
outside first it's light, then dark,
 instantly you're out of breath
and wait a lifetime to inhale ...
The clock strikes at random ...
When you look out the window —
                first light,
                then dark,
                first one,
                then another era

reflected in a puddle,
                that doesn't play fair,
since the sky is not reflected there.
The clock strikes at random,
and space joins the game ...
When you look out the window —
                poplars, domes and ditches.

When you look inside yourself—
                agitation
                hunger for fame,

and the hangover from
someone else's future bender
in the actors' dorm
at Rogozhskaya zastava,
the clock strikes at random,
evening draws near to morning ...
The sun draws near to the window,
snow comes down and then rain,
the place clears up if not
                    the time.
I recognize the latitude
                    where I was born,
it's whimsy,
it's nonsense,
it's eternal —
                    kicking against the pricks,
i recognize the longitude,
                    a hybrid of Ost and West,
this aqua regia,
and how it will end
                    no one knows ...

translated by Patrick Henry
the original Russian version — page 39

IT'S NO LONGER AWFUL KNOWING WHY

It's no longer awful knowing why they go on about God.
The time is coming when our own ranks will thin.
The product of my country, my family, my time,
I stand wrapped in cellophane with a price stamped on my side.

Hey, graveyard drunk, what are you looking at, you vulture?
How I grow in your eyes ... and my home ... and friends ...

and this raincoat couldn't be more ridiculous,
and the pond couldn't be more square,
and this life couldn't be any longer ... any longer ... couldn't be.

translated by Patrick Henry
the original Russian version — page 40

THE LAST TO LEAVE

picking up paper clips
wiping away dust
closing the drawer
pushing in the chair
putting on the hat
fishing for the keys
turning off the water
shutting off the lights
checking the time
locking the door
fixing the tie
summoning the elevator
pushing the button
going up
picking up speed
hitting the gas
letting out air
muffling sound
pushing the button
watching the blast
trailing gaze
vanishing world

translated by Patrick Henry
the original Russian version — page 40

HAIKU ONE

just three lines in all
of which two are already spent
so life will pass by

HAIKU TWO

seventeen syllables
of which five still remain
only one remains

HAIKU THREE

so life has passed by
and it's all so hokusai
in the rock garden

translated by Patrick Henry
the original Russian version — page 41

THERE IS NO RUSSIA BUT RUSSIA AND PATRIARCHS' PONDS ARE IN THE MIDDLE OF IT

as far back as my student days there arose the conjecture thought hypothe-
sis that no land but russia existed or could exist and that all other countries
had been thought up by the kgb as a legend as disinformation as an exploit
of a secret agent and there was only our free native land our bulwark of hope
and soviet union

his hypothesis deserved to be accepted as all formerly inscrutable facts packed themselves into their corresponding cells having displayed an orderly picture of the world no worse than einstein's with his independence of the speed of light from the movement of source and observer consequently of that same kgb officer and a vagrant

the departure of compatriots of various coats to one common historical homeland to israel in no way disproved my hypothesis and even translated the problem into a seemingly metaphysical region where israel embodied all that was foreign at once like some artificial respirator

and what is more letters from there confirmed the conjecture via air mail and it was worth looking at the date on the postmark who in the world has seen the plane that could fly for two or even five months without landing like some flying dutchman such that good citizens relied on fools

however there are no fools and my conviction that there is no russia but russia as there is no earth but earth was not shaken even by the appearance in a certain paris of a book of my poetry there is simply no such city as paris for my booklet in pure russian russian was pulled and do they really speak such a language in paris

well I was in this paris a good disneyland they arranged the city exactly like a real one the pigeons are mechanical but they defecate on your head like living ones and on the statue of liberty

and they work their way into paris and into new york there aren't enough props so there is no earth whatsoever but russia and in the middle of russia are patriarchs' ponds bottomless and immense and he who moves three steps away from the ponds departs for three days and he feels an ineffable grief which is called nostalgia

and now john high the american has come to us on patriarchs' ponds from san francisco and we have seen this san francisco and it's just like the village of kolomenskoe journey to lubyanka metro station exit from the first car to the left second floor fourth door password is poetry not necessary? response not necessary! then poetry

    are we really to part unbearably
        to dissolve in imported distance

if there are fifteen to twenty people
    they make up the population of the earth
        is there really a poet besides eremenko
            is there really any benefit besides harm
                do any reservoirs really exist
                    besides patriarch's ponds

translated by Patrick Henry
the original Russian version — page 42

WHERE HAS THE SPACE DISAPPEARED TO? (1991)

...NOT SO LONG AGO, the intellectual 'cultourist' and postmodernist Aleksei Parshchikov returned to Moscow for the summer holidays from Stanford, methodically assimilating the discrete structures of existence." *

At one time, a millennium or even just a decade ago, we were young and met often, living in the tiny foxholes of socialist society in southwestern Moscow. One bitterly cold winter day I left Parshchikov's and got on the city bus. I had only one stop to travel, but in that distance all the endless expanse of Russia was compressed.

At first there were the parallelepipeds of the Parshchikovian microre-gion, then snow-covered fields, suddenly a small church on a hill, and further — dark woods, then there reappeared the snowy flatness of the plain, and finally, my microregion, with the same multistory parallelepipeds, arranged in a different disorder.

This last time we met at a fashionable literary seminar, entitled "The Post-modern," in which we were less participants than exhibits, objects. Parsh-chikov had crossed the ocean, I had merely returned from Paris, and we met in the center of Moscow, but the sensation of space had vanished. Where had it disappeared to?

My generation began to write during the death-pangs of the communist myth, to the savory unisexual kisses of General Secretaries, when the poetry of Russia was divided into two distinct currents: semi-official poetry, which was required to say "Yes" to the ideological absurdity of the surrounding environment; and dissident poetry, required, likewise, to say "No" in chorus. The best of these poets became adept at saying "Yes" in such a way that "No" shone through, but even they did not notice how they were required to work on this given plane between fixed poles.

"New wave," "other poets," "parallel culture," "citizens of the night," "the Soviet underground"; what won't they call the generation of poets who arose on the verge of the 80s, and broke free from the strong magnetic field with its inevitable "+" and "-" into a different dimension, thereby acquiring a new volume and degree of freedom. They advanced from the celebrated "Yes" and "No," from the classic questions of the Russian intelligentsia — "What Is to Be Done?"* and "Who Is to Blame?"** — to the ulti-mate, universal questions of existence: internal questions. As Lev Tolstoi remarked, the true doors for the resolution of questions open "only on the inside" (this citation is not found in Tolstoi's writings, but in some article whose subject I do not recall).

Such were the ethics of the "new wave"; they were, however, also an esthetics. As gradually became clear, we were postmodernists, but our postmodern was intuitive, detected in the atmosphere; it was in the air at the time, not found in books or heard in university lectures. "I don't know what postmodernism is, although I sense that I belong to it," wrote Yury Arabov in the 1987 manifesto "The Realism of Ignorance."

I would point out that it makes sense to interpret the parallelism of "parallel culture" not according to Euclid, but rather Lobachevsky, who described how not one but an infinite multitude of parallel lines pass through a single point of origin. The explanation (also mathematical) of this is contained in that same manifesto by Arabov: "In our opinion, twice two cannot equal four, because this could never be. The product of twice two is determined by everyone for his own purpose." With purely poetic license Arabov pays no heed to the contradiction between "in our opinion" at the beginning of this statement and "everyone for his own purpose" at its end.

And yet, in this contradiction lies the explanation of the rapid rise of the different schools within the "new wave," and of the inevitability of their disintegration, already evident today.

The Poetry Club, which sprang up in Moscow in 1986, became a significant alternative to official literature. It united an enormous variety of poets from the new stylistic currents of the 1980s: metametaphorists, conceptualists, polystylists, and others.

The metametaphorists (Ivan Zhdanov, Aleksei Parshchikov, Vladimir Aristov, Mark Shatunovsky, Konstantin Kedrov) oppose to the sham simplicity, pedantry, and bloatedness of the official poetic model a departure to another world, in which it is impossible to distinguish the waking from the dreaming state, molecules from galaxies, yesterday from tomorrow. All of these are present simultaneously in their verse, mutually reacting and being transformed, and causing each word to mean more than it had before its inclusion in the metametaphoric text.

The reactions of the conceptualists (Dmitry Prigov, Lev Rubinstein, Vsevolod Nekrasov, Igor Irtenev, Timur Kibirov, Mikhail Sukhotin, and others) to the semi-official organs was outwardly different from that of the metametaphorists. Their poetry is characterized by constant intellectual and moral provocation, the baring of the metallic carcass of ideological monuments, an attack on the mythology of the contemporary world and Soviet society in particular, play with cliches and stereotypes that have faded and run together with- constant usage, and crazy space in which context is more significant than text and the word means nothing at all. Many listeners go no further than the first comic and parodic level; they do not sense the underlying tragic cause of this debilitated spate of words. And it is this very audience that provides the conceptualists with their noisy success at readings, exhibitions and performances.

It is as difficult to give a pure example of the slippery essence of polystylistics, the third noteworthy trend in "new wave" poetry, as it is to come up with a list of its adherents, for to do so runs counter to the very essence of the esthetics of polystylism, its all-embracing nature. Anyone seeking elucidation of this point should consult Nina Iskrenko's poem, "Hymn to Polystylistics." ***

In the polystylists' attempt to construct a new harmony from confusion, chaos, and the heterogeneity of objects, it is easy to discern a link with both the metarealists**** and the conceptualists. This link consists in the conceptual usage of cliches of mass-consciousness and the simultaneous appeal to all the geological strata of culture. The thinking of a metametaphorist poet could be represented in the form of a winding spiral, compressing and condensing space and time into the text. The poetic work of a polystylist could also be represented as a spiral, but one that is unwinding, seizing all new shades of thought with each spire, and expanding into the entire universe.

The complex geography of the new poetic wave is not fully subsumed under the three headings outlined above. Polystylistic methods, absurdist moves, and the thickness of metametaphors are also found in the work of other "new wave" authors, such as Aleksandr Eremenko, Sergei Gandlevsky, Yury Arabov, Victor Korkiya, and in my own work. While these authors attach themselves in varying degrees to the above-mentioned currents, they each follow their own course.

What is the situation today? Gone are the first readings of the Poetry Club in overflowing halls with the distinct smack of forbidden fruit, scandal, persecution, and rigid police cordons. Harsh criticism, direct accusations and attacks appeared in the official press, but they only further aroused interest. Sensational group publications of the poets in the Poetry Club came out in newspapers with circulation in the millions, and sacks full of enthusiastic and disturbed letters arrived in response.

Passions gradually eased, serious and extensive publications of the "new wave" poets appeared, and in various countries the first books came out. Literary critics have moved from evaluative articles to interpretation of the phenomenon called "new literature."

In this environment the new literary wave in Russia found itself once more in a unique situation, as it suddenly encountered competition from all of world literature. Following the recent abolition of censorship, Russian readers are for the first time reading such authors as Solzhenitsyn and Brodsky, Pasternak and Borges, Orwell and Joyce, and they are reading them concurrently with "new wave" writers, on the pages of the same journals and collections.

Today, by a stroke of fate, everything has overlapped. As my generation bids farewell to youth, no single path has emerged; rather, each writer has found his own. We have also parted with context. Alas, my generation is not the first free generation, as it seemed to us, but rather the last generation of Soviet poetry, closing the tragic and farcical circle. The realities of Soviet society will fade and grow shabby, those things with which through denial, annoyance, or the refusal to participate, we were linked, as it turns out, quite strongly . . .

Prohibition and persecution no longer have any status. The pub--lications, appearances, and festivals of the "new wave" are an appreciable, constitutive force in the literary life of Russia. The literary process in Russia is becoming normal. But can the literary process really be *normal?*

Not only the "new wave," but all of Russian poetry now seeks its place. Accustomed for centuries to substitute itself for politics, religion, philosophy, journalism, shows and circuses, today the poetry of Russia yields to politicians, religious leaders, erotic competition, economic programs, and publicistic essays; it seeks, perhaps for the first time, to find its own territory, and to form its own reader, one elected and summoned, qualified and discriminating.

Confusion can be felt in interviews, pronouncements, and texts. The esthetics of the postmodern have been exhausted. The ethics of unhappiness have likewise been exhausted. The spirit of the times has changed with the epoch.

During the putsch of August, 1991, the "new wave," too, stood before the Russian "White House." There is, however, no adequate language to enable the new literature to describe those days, nor the events of the present moment.

Stylistics and poetics are eroding. Everyone must be prepared to move ahead on his own, and this is fruitful. Who now isn't occupied with this very task?

Eremenko is organizing exhibitions of prison artifacts. Shatunovsky is writing a novel, Parshchikov a quasi-scientific work about our youth. Korkiya is writing political plays and trading in cement. Arabov is writing scripts for poetic films, and I these notes, some articles and essays . . . So, where in the world has the space disappeared to? The devil only knows. But only excruciating individual effort will make it possible to find it again.

translated by Patrick Henry
the original Russian version — page 43

* A novel, subtitled From Stories About the New People, by Nikolai Gavrilovich Chernyshevsky which appeared in 1863.
** A novel by Aleksandr Ivanovich Herzen, which was serialized during 1845 and 1846, and was published as a book in 1847.
*** See Five Fingers Review 8/9, Mapping Codes, where this poem first appeared in translation.
**** The term metarealism is frequently used to refer to the same current in contemporary poetry otherwise known as metametaphorism.

Photo by V.Mishukov

Evgeny Bunimovich – a poet, an educator, a publicist and a public figure.

He is one of the founders of the Moscow club "Poetry". He is a member and participant of a number of international poetry festivals. He is an organizer and president of the international festival "Poetry Biennale in Moscow." Laureate of the Moscow Prize in Literature and Art, recipient of the Prize of the Russian Union of Journalists.

Born in 1954 in Moscow. The first book of poems was published in 1990 in Paris, it was followed by collections of poetry as well as books of prose and essays in Russia and France. He is a recipient of the Order of Academic Palms (France) and President of the Moscow International Festival of Poets. The poems were published in many countries, and were translated into English, French, German, Dutch, Chinese, Arabic, Spanish, Polish, Serbian, Romanian and other languages. He teaches mathematics, and has authored several textbooks.

In Brussels, Belgium a whole kilometer of the pavement stones on the Central canal embankment is imprinted with the poetry of Evgeny Bunimovich in four languages.

He was a chief editor of the contemporary Russian poetry anthologies, which were published in Belgium (1994), France (2005), Canada (2005) and the United States (Contemporary Russian Poetry, Dalkey Archive Press, 2008).

Evgeny Bunimovich taught math, and is the author of several school textbooks.

Евгений Бунимович – поэт, педагог, публицист и общественный деятель.

Один из основателей московского Клуба «Поэзия». Участник международных поэтических фестивалей, организатор и президент международного фестиваля «Биеннале поэтов в Москве». Лауреат Премии Москвы в области литературы и искусства и Премии Союза журналистов России.

Родился в 1954 г. в Москве. Первая книга стихов издана в 1990 г. в Париже, за ней последовали сборники стихов, а также книги прозы и эссеистики в России и Франции.

Фото В.Мишукова

Стихи печатались во многих странах мира в переводах на английский, французский, немецкий, голландский, китайский, арабский, испанский, польский, сербский, румынский и др. языки.

В Брюсселе брусчатка километра набережной Центрального канала выложена строками стихов Евг. Бунимовича на четырёх языках.

Бунимович является редактором-составителем антологий современной русской поэзии, вышедших в Бельгии (1994), Франции (2005), Канаде (2005), США (Contemporary Russian Poetry, Dalkey Archive Press, 2008)

Евгений Бунимович преподавал математику и является автором нескольких школьных учебников.

ЗАЛ ОЖИДАНИЯ

ЗАЛ ОЖИДАНИЯ

> твои черные окна опять озаряет не мысль
> но салюты
> в ожидании твердой руки
> засыпает седой активист
> с комсомольской улыбкой малюты
> засыпает джоконда
> с улыбкой
> в ожидании твердой валюты

ЗАЛ ОЖИДАНИЯ

> голос за сценой
> букет в неумытой бутылке кефира
> в ожидании виз
> спят с надеждой в глазах прихожане овира
> в положении риз
> вяжут шведское лыко с японским
> сторонники мира

ЭРЦГЕРЦОГА ФЕРДИНАНДА
НА ПОЛПУТИ В САРАЕВО
ОЖИДАЕТ ПОЭТ А А
И ЧЕРНАЯ ДЫРА ЕГО

> по требованию бастующих шахтеров
> звучит концерт кара-караева

ЗАЛ ОЖИДАНИЯ

> мальчики в ожидании
> одноразовых шприцев
> девочки в ожидании
> одноразовых принцев

НЕСОВМЕСТНОЕ ПРЕДПРИЯТИЕ
ГЕНИЙ И ЗЛОДЕЙСТВО
К УСЛУГАМ ОЖИДАЮЩИХ
МНОГОРАЗОВЫЙ ШНИЦЕЛЬ

                    мафиози с усами
                    у платного туалета
                    под неоновым Ж
                    вас ожидает вендетта
                    глаз не смыкает страна в ожидании суверенитета
ЗАЛ ОЖИДАНИЯ
                    принц-неформал
                    в ожидании друга горацио
                    президент-самопал
                    в ожидании инаугурации
                    король поэтов
                    в ожидании денатурации
        А ТАКЖЕ
                    читателя
                    советчика
                    антисоветчика
                    зенитчика
                    ракетчика
                    врача
                    стукача
                    комитетчика
                    бича
                    аппаратчика
                    ответчика
                    автоответчика
                    истца
ЗАЛ ОЖИДАНИЯ
                    лицом
                    к лицу
                    лица

*   *   *

Да, да, спивались трудовые коллективы,
и в директивы привносились коррективы,

и ограниченные наши контингенты,
внимая просьбам, занимали континенты,

и верным нюхом чуять мыслящих инако
умела каждая служебная собака,

и как ни стыдно, сын мой, как ни странно -
мы были молоды, и жизнь была желанна...

НЕГЛИННАЯ РЕКА

я родился и рос как положено на берегу реки в деревянном доме
                                                    почти избе
и я бы тоже однажды наверно вернувшись из странствий
                                    устами к этой реке приник
но с 1819 года она в трубе
и об этом факте я недавно узнал из книг

ибо родился я не в 1819 году а позднее хотя и дожил до седин
это можно проверить в книге судеб есть запись на букву Б
и об этой реке я вспомнил сейчас потому что я сам в трубе
может это не так заметно потому что не я один

однако бублик это не только дырка особенно если он тор
ведь что такое вообще топология если не поиски жанра
                                        с заходом на тот свет
как выясняется даже шандор петефи не столько погиб в бою
                    сколько женился на дочке баргузинского почтмейстера
                                        и вообще оказался хитер
и об этом факте я недавно узнал из газет

фирменный магазин фабрики большевичка открылся на том месте
                                            где я родился и рос
где ввиду отсутствия плетня не на что наводить тень
где предельный страх и предельная храбрость

одинаково портят желудок и вызывают понос
и об этом факте поведал еще монтень

я ни разу не был на том берегу реки хотя и дожил
как уже было сказано до седин
ибо вброд эту реку не перейти и кроме кузнецкого
вроде бы нет мостов
человек отличается от коллектива тем что всегда один
коллектив отличается от человека тем что всегда готов

не люблю играть в партизаны в кто предал и в кто донес
ибо каждый из тех кто сегодня прав уже в следующей серии виноват
человек пластинка неслишкомдолгоиграющая и несовсемвсерьез
может об этом еще никто не поведал но это факт

*   *   *

не молитесь и не материтесь вдогон
обещаю отвальную
если намылюсь
да о чем это я
если международный вагон
этот жёсткий вагон
из москвы отправляется в вильнюс

не даю прикурить
не намерен вступать в диалог
не такие понты
чтобы бацать зубами чечётку
потому что живу
потому что могу
т.е. мог
выходить на пруды
не мусоля в кармане свинчатку

нас как птиц по москве
кольцевал високосный февраль
орнитолог небесный
пометил оставшихся
в марте
называется жизнь
этот город
страна
и букварь
а уехать в париж
все равно что приблизиться к смерти

а вот это не надо
а вот это без нас
в комсомольском оргазме
с вибрацией икр и предплечий
мне еще не чужая
религия полых пространств
мне еще не чужой
безнадежный язык человечий

ОБЪЯСНИТЕЛЬНАЯ ЗАПИСКА

я не поэт
да и разве бывают живые поэты

я работаю в школе
преподаю математику
информатику
а также этику и психологию семейной жизни

при этом ежедневно возвращаюсь домой
к жене

как сказал романтически настроенный лётчик

любят это не когда смотрят друг на друга
а когда двое смотрят в одну сторону

это про нас

вот уже десять лет мы с женой
смотрим в одну сторону

в телевизор

вот уже восемь лет туда же смотрит сын

я не поэт
да и разве не надёжно моё круглосуточное алиби
приведённое выше

цепь недоразумений и случайностей
изредка приводящая к появлению в периодической печати
моих стихов
вынуждает к признанию

стихи я пишу ввиду безысходности
во время проведения контрольных работ

невзирая на все реформы общеобразовательной школы
отдельные учащиеся продолжают списывать

дабы пресечь

я вынужден сидеть вытянув шею
бдительно расширив зрачки
и вперив немигающий взор в околоземное пространство

таковая поза неизбежно приводит
к стихосложению

стихотворения у меня короткие

ибо редкая контрольная работа длится дольше 45 минут

я не поэт

может
этим и интересен

ПАЛИМПСЕСТ
из брюссельской тетради

*   *   *

время хлеба и время мора
стихов и пушек войны и мира
время сливочных сельских пейзажей
время жестких фабричных окраин
центровых горячих кварталов
языковых вавилонских смещений

на мостовой непросохшей булыжной
проступают следы от ботинок
евреи спасавшиеся от погромов
итальянцы ловцы удачи
строгие марокканские женщины

старые платаны в плену каменной подворотни
болеют помнят все еще живы

заброшенные заводы теперь дорогие апартаменты
или бомжи
или школа современного танца

эпохи и ветры в названиях улиц
бидон молока на пороге опрокинуло время

роза ветров то норд-ост то зюйд-вест
роза времен моленбек палимпсест

*   *   *

мы сидим у окна в кафе долго-долго
пьем бесконечный мятный чай сладкий-сладкий
как дождливо здесь ветрено как течет время
по стеклу по памяти по мостовой по мужским лицам

*   *   *

дед говорит на своем языке

отец говорит на своем языке
и по-французски

ты говоришь по-французски
по-фламандски
и еще иногда с дедом на его языке

сын говорит по-английски-французски-фламандски
и еще кажется немного по-немецки

сын не понимает чужой язык деда
сын живет на другом берегу

*   *   *

солнце без визы свалило за горизонт
дождь идет по городу без документов
трава вылезла без разрешения
ворованный легкими воздух не сертифицирован

жизнь нелегальна

* * *

как школьник перед контрольной
вызубриваю повторяю
простую геометрию улиц
квадраты окон
кубы и параллелепипеды
фабричных кварталов

колокольня перпендикулярна рынку
что и требовалось доказать

за линейкой канала
пятиугольник брюсселя
жизнь на двух берегах не пересекается
это аксиома параллельных
она не требует доказательства
требует понимания

* * *

девочка в окне
смутилась спряталась за занавеску
школьник на бегу задел сумкой
оглянулся
пузатый бармен
лениво вышел из-за стойки
принес чаю

свидетели и очевидцы

мокрая собака на поводке
мокрая хозяйка на поводке
женщина в черном платке из аптеки
младенец из коляски
художник из окна мастерской

туристы из автобуса
сверху сбоку сзади

бомж лежащий у перекрестка
видел мои ботинки
две вороны на ржавой трубе
видели мой сломанный зонт
цыганка видела мою ладонь
и содержимое карманов
полиция видит все

жизнь моя
перманентное алиби

* * *

колея железной дороги
разделяет надёжней чем все языки и боги

разрезает землю небо звук пейзаж запах
моленбек старый и новый восток запад

только имя одно на всех да прогноз погоды
да шунтируют длинные пешеходные переходы

* * *

остановка в пути моленбек
вышел на миг вышло навек
здесь твой дом и твоя ностальгия
и зачем приезжают другие?

БЬЮТ ЧАСЫ НАУГАД

Бьют часы наугад,
на дворе то светло то темно,
выдыхаешься сразу,
сто лет дожидаешься вдоха ...
Бьют часы наугад ...
Как ни глянешь в окно —
                    то светло,
                    то темно,
                    то одна,
                    то другая эпоха
отражается в луже,
                    которая не без подвоха,
потому что в ней небо не отражено.
Бьют часы наугад,
и пространство вступает в игру ...
Как ни глянешь в окно —
                    тополя, купола да канавы,
Как ни глянешь в себя —
                    маета да желание славы,
да похмелье в чужом,
состоявшемся завтра пиру,
в общежитии театра,
в районе Рогожской заставы
бьют часы наугад,
приближается вечер к утру ...
Приближается солнце к окну,
валит снег вперемежку с дождем,
проясняется если не время,
                    то место.
Узнаю широту,
                    на которой рожден,
эту блажь, эту дурь,
это вечное —
                    лезть на рожон,

узнаю долготу —

                    помесь оста и веста,

эту царскую водку,

                  и кончится чем —

неизвестно ...

УЖЕ НЕ СТРАШНО ПОНИМАТЬ

Уже не страшно понимать, зачем твердят о Боге.
Приходит время убывать и нашего полку.
Продукт страны, продукт семьи, продукт своей эпохи
стою — завёрнут в целлофан с ценою на боку ...

Ну что, кладбищенский алкаш, глядишь, орёл-стервятник?
Как я расту в твоих глазах ... и дом мой ... и друзья ...
и этот плащ — нельзя глупей,
и пруд — нельзя квадратней,
и эта жизнь — нельзя длинней ... нельзя длинней ... нельзя.

УХОДЯЩИЙ ПОСЛЕДНИМ

собирающий скрепки
вытирающий пыль
закрывающий ящик
задвигающий стул
надевающий шляпу
достающий ключи
отключающий воду
вырубающий свет
проверяющий время
запирающий дверь
поправляющий галстук

вызывающий лифт
нажимающий кнопку
уезжающий вверх
развивающий скорость
выжимающий газ
выпускающий воздух
заглушающий звук
нажимающий кнопку
наблюдающий взрыв
провожающий взглядом
исчезающий мир

ХОККУ РАЗ

всего три строки
из коих прожиты две
так и жизнь пройдёт

ХОККУ ДВА

семнадцать слогов
из коих осталось пять
остался один

ХОККУ ТРИ

вот и жизнь прошла
а это так хокусай
во саду камней

НЕТ РОССИИ КРОМЕ РОССИИ
И ПАТРИАРШИЕ ПРУДЫ ПОСЕРЕДЬ НЕЕ

возникла еще во студенчестве моем догадка мысль гипотеза никакой земли кроме россии нет и быть не может а все другие страны кгб придумало как дезинформацию легенду подвиг разведчика есть только отечество наше свободное советский оплот и надежный союз

стоило принять эту гипотезу как все непостижимые прежде факты сами собой уложились в соответствующие ячейки явив стройную картину мира не хуже эйнштейна с его независимостью скорости света от движения источника и наблюдателя стало быть того же гебешника и топтуна

отъезд разномастных соотечественников на общую историческую родину никак моей гипотезы не опровергал и даже переводил проблему в область как бы метафизическую где израиль воплощал всю закордонность сразу как некий аид

да и письма оттуда авиапочтовые подтверждали догадку стоило взглянуть на даты почтовых штемпелей кто же это такой самолет видел чтоб два месяца а то и все пять летал без посадки как летучий голландец какой так что на дураков рассчитывали господа хорошие

однако дураков нет и убеждения моего что нет россии кроме россии как нет земли кроме земли не поколебал и выход в некоем париже книги моих стихов просто нет такого города парижа ибо книжечку мою на чистом русском языке тиснули а разве на таком языке в париже говорят ну был я в этом вашем париже крутой диснейленд устроили вднх прямо город как настоящий голуби механические а на голову гадят как живые а вот статую свободы и в париж тычут и в нью-йорк реквизита не хватает

так что нет земли никакой кроме россии а посередь россии патриаршие пруды бездонные и необъятные а кто от прудов на три шага отойдет да на три дня отъедет тот тоску чувствует неизъяснимую называется которая ностальгия

и приехал тут к нам на патриаршие джон хай американец из сан-франциско а ящик водки не моргнув выжирает видали мы такое сан-франциско оно же коломенское проезд до станции метро лубянка выход

из первого вагона налево второй этаж четвертая дверь пароль стихи не
нужны? ответ не нужны! тогда стихи

разве выносимо расставаться
    растворяться в импортной дали
       если человек 15-20
         составляют население земли
           разве есть поэт кроме ерёмы
              разве польза есть кроме вреда
                разве существуют водоемы
                  кроме патриаршего пруда

КУДА ПОДЕВАЛОСЬ ПРОСТРАНСТВО? (1991)

...и вновь в Москву на недолгие вакации воротился интеллектуальный
культурист постмодерна Алексей Парщиков, методично осваивающий
дискретные структуры бытия.

Некогда, еще в предыдущем царстве-государстве, лет эдак двунадесять
назад мы были молоды и часто с ним встречались, обитая в маленьких
соседних ячейках социалистического общества на дальнем зюйд-зюйд-
весте Москвы. Помню однажды в нестуденую зимнюю пору я вышел от
него и сел в автобус.
Ехать-то надо было всего одну остановку, но в ней как в компьютерных
байтах спрессовалась вся бесконечность отечественных пространств.

Сперва - обшарпанность параллелепипедов его микрорайона, затем -
хваленая бескрайность снежных полей, вдруг - маленькая церковь на
холме, вновь белые плоскости равнин, леса и перелески, и наконец - те
же параллелепипеды, но в ином беспорядке - и это уже мой микрорай-
он.

Казалось все это - мирозданием.
Им и было.
И вот теперь мы снова встретились, давно не соседи, не земляки, и да-

же не совсем чтоб соотечественники, а вот ощущение пространства - исчезло.

Куда же оно подевалось?

Мы начинали писать в период агонии коммунистического мифа под смачные однополые поцелуи генсеков, когда российская поэзия была четко разделена на два потока - на поэзию официозную, с необходимостью говорившую ДА окружающему идеологическому абсурду и поэзию диссидентскую, с той же обязательностью хором говорившую НЕТ. Самые талантливые наловчились так говорить ДА, что сквозь него просвечивало НЕТ, но и они не замечали, что вынуждены работать в заданной плоскости меж навязанных полюсов.

"Новая волна", "другие поэты", "параллельная культура", "граждане ночи", "советский андеграунд" - как только не назовут потом поэтическую генерацию рубежа восьмидесятых, попытавшуюся вырваться из сильного магнитного поля с его четкими плюсом и минусом в другое измерение, мучительно обретая при этом объем и новую степень свободы.

От пресловутого ДА и НЕТ, от хрестоматийного ЧТО ДЕЛАТЬ? и КТО ВИНОВАТ? - к универсальным, последним вопросам бытия, вопросам внутренним, ибо, как заметил еще Лев Толстой, настоящие двери для решения вопросов открываются только вовнутрь (цитирую, впрочем, не по первоисточнику, а по какой-то заметке не помню уже и о чем).

Такова этика, но была и эстетика. Конечно, саму ПАРАЛЛЕЛЬНОСТЬ тогдашней "параллельной культуры" имеет смысл трактовать не столько по Евклиду, сколько по Лобачевскому, когда через исходную общую точку проходит не одна, а бесконечное множество параллельных прямых. В этом объяснение бурного возникновения различных школ внутри "новой волны" 80-х годов, и неизбежность их распада, столь явная сегодня.

Но вернемся в исходную общую точку.

Это была попытка узреть новую гармонию в растерянности и хаосе, во всей разнородности и разномасштабности окружающих объектов, поиск иного взгляда и метода описания. Сгущение и дробление смыслов, уплотнение пространства и времени в текст, поиск метакода мироздания - замах воистину вселенский.

Заметим в скобках, что именно в это время появилась фрактальная геометрия Бенуа Мандельброта, талдычащая практически о том же, поразившая воображение ученых почти пугающим ощущением новой гармонии в хаосе, но при этом абсолютно недоступная пониманию отечественных интеллектуалов-гуманитариев, со времен первого царскосельского лицейского призыва неизменно гордящихся выпускным нулем по геометрии.

Однако тут нахлынули на нас общеизвестные демократические перемены, всех постепенно напечатали и оценили, появилась критика, вписавшая всех и вся в контекст, коим заниматься куда приятней и полезней, чем ковыряться непосредственно в тексте, и постепенно нам недвусмысленно объяснили, что все мы - интуитивные и стихийные постмодернисты, уловившие его универсальные идеи в воздухе времени...

Постмодернизм, ставший новой столбовой дорогой постсоветской литературы, оказался необыкновенно удобным для массового автопробега в силу не то полной амбивалентности правил движения, не то - отсутствия этих самых правил. К тому же, столбовая дорога постмодернизма не требует смены колес на границах отечества, в отличие от дороги железной, которая у нас всем известно на что именно шире.

Стало очень удобно - не только критикам, но и авторам. Пандемия диагностированного у всех поголовно постмодернизма, всемирный расцвет которого с неизбежностью законов искусства совпал с его же кризисом и многократно констатированной смертью, позволила все вписать и подверстать в культурный контекст стран Большой Семерки. В результате каждый российский участник смог успешно выступить как в обязательной, так и в произвольной, но тоже по-своему обязательной программе хоть какого-нибудь международного фестиваля или симпозиума, акции или презентации, артефакта или инсталляции, антологии или хрестоматии.

Часть авторов стала работать непосредственно для кафедр славистики различных университетских центров, как российское кино работает ныне на отборщиков международных кинофестивалей категории А. Кто хоть раз читал лекцию в одном из таких университетов (а кто хоть раз ее не читал?) прекрасно знает, что занятие это весьма специфическое. Ибо информация, как всем известно, растет по экспоненте (удваивается то бишь), стало быть читать, а тем более - вчитываться нет ни времени (пока дочитаешь - удвоится), ни смысла (пока поймешь - удвоится еще раз). Литература, да и вся культура, становится знаковой. А знак ПОСТМОДЕРН - универсален, он не требует ни перевода, ни пояснений. Как пиктограмма. Паркинг, аптека, вокзал, почта, кафе, телефон, душ, туалет, постмодерн.

Короче, покойник-постмодерн жив-здоров и очень даже в недурной форме, чему свидетельством сама многократность констатации того, что он дал дуба. Меж тем как молодость прошла. И вот это уже действительно - медицинский факт, который как на лице, так и за/под лицом. Молодость прошла вместе с ощущением общности пути и вселенским замахом. Способные еще что-то ощущать ощущают хаос и растерянность безо всякой там новой гармонии. С некоторой оторопью глядя вокруг, замечают, что первое поколение свободы и демократии - это не про нас. Скорее мы - последнее, замыкающее одновременно трагический и фарсовый круг поколение советской поэзии. Все-таки мы скорее от тайги чем до британских морей.

В воздухе иного, нового времени ощутима исчерпанность не только эстетики пресловутого постмодерна, но и этики неучастия. Вот почему так хочется построить вертикаль, обрести другое измерение, другую степень свободы.

Однако куда же все-таки подевалось пространство?

TABLE OF CONTENTS

ОГЛАВЛЕНИЕ